Mou............ ....
Mohamed Amine Chikh

Fusion de segmentation des images couleur

Ismahan Baghli
Mourtada Benazzouz
Mohamed Amine Chikh

Fusion de segmentation des images couleur

Application aux images microscopiques

Éditions universitaires européennes

Mentions légales / Imprint (applicable pour l'Allemagne seulement / only for Germany)
Information bibliographique publiée par la Deutsche Nationalbibliothek: La Deutsche Nationalbibliothek inscrit cette publication à la Deutsche Nationalbibliografie; des données bibliographiques détaillées sont disponibles sur internet à l'adresse http://dnb.d-nb.de.
Toutes marques et noms de produits mentionnés dans ce livre demeurent sous la protection des marques, des marques déposées et des brevets, et sont des marques ou des marques déposées de leurs détenteurs respectifs. L'utilisation des marques, noms de produits, noms communs, noms commerciaux, descriptions de produits, etc, même sans qu'ils soient mentionnés de façon particulière dans ce livre ne signifie en aucune façon que ces noms peuvent être utilisés sans restriction à l'égard de la législation pour la protection des marques et des marques déposées et pourraient donc être utilisés par quiconque.

Photo de la couverture: www.ingimage.com

Editeur: Éditions universitaires européennes est une marque déposée de
Südwestdeutscher Verlag für Hochschulschriften GmbH & Co. KG
Heinrich-Böcking-Str. 6-8, 66121 Sarrebruck, Allemagne
Téléphone +49 681 37 20 271-1, Fax +49 681 37 20 271-0
Email: info@editions-ue.com

Produit en Allemagne:
Schaltungsdienst Lange o.H.G., Berlin
Books on Demand GmbH, Norderstedt
Reha GmbH, Saarbrücken
Amazon Distribution GmbH, Leipzig
ISBN: 978-3-8417-8898-6

Imprint (only for USA, GB)
Bibliographic information published by the Deutsche Nationalbibliothek: The Deutsche Nationalbibliothek lists this publication in the Deutsche Nationalbibliografie; detailed bibliographic data are available in the Internet at http://dnb.d-nb.de.
Any brand names and product names mentioned in this book are subject to trademark, brand or patent protection and are trademarks or registered trademarks of their respective holders. The use of brand names, product names, common names, trade names, product descriptions etc. even without a particular marking in this works is in no way to be construed to mean that such names may be regarded as unrestricted in respect of trademark and brand protection legislation and could thus be used by anyone.

Cover image: www.ingimage.com

Publisher: Éditions universitaires européennes is an imprint of the publishing house
Südwestdeutscher Verlag für Hochschulschriften GmbH & Co. KG
Heinrich-Böcking-Str. 6-8, 66121 Saarbrücken, Germany
Phone +49 681 3720-310, Fax +49 681 3720-3109
Email: info@editions-ue.com

Printed in the U.S.A.
Printed in the U.K. by (see last page)
ISBN: 978-3-8417-8898-6

Fusion de segmentation d'images couleur: Application aux images microscopiques

Ismahan BAGHLI, Mourtada BANAZZOUZ, Mohamed Amine CHIKH

Juillet 2011

Remerciements

J'aimerais remercier trés sincèrement mon encadreur, Monsieur Mourtada BENAZZOUZ, pour le sujet, le temps et l'aide qu'il m'a accordés et ses multiples conseils tout au long de la réalisation de ce travail d'initiation à la recherche. Je le remercie aussi pour son encouragement à apprendre le LaTeX.

Je tiens à exprimer mes remerciements aux membres du jury, qui ont accepté d'évaluer mon travail. Merci au président Mr Chikh A., aux examinateurs Mr Lahasaini M., Mme Iles N., Mr Smahi M.I., Mr Benziane Y. et Mr hadjila F.

Un remerciement particulier va au rédacteur du tutoriel LaTeX « Laleloulilo » sur le site du zero (www.siteduzero.com), grâce à son tutoriel, j'ai pu apprendre les bases de ce logiciel de traitement de textes scientifiques en si peu de temps.

Enfin, j'adresse mes plus sincères remerciements à tous mes proches et amis qui m'ont toujours soutenus et encouragés au cours de la réalisation de ce travail.

i

Dédicaces

Je tiens à dédier ce travail :

Aux être les plus chèrs à mon cœur "mes parents", pour leur soutien et leur amour ;

Á mon frère Mehdi et ma sœur Ikram qui m'ont tant encouragé et aidé ;

Á la mémoire de mon grand père "Abdelghani" ;

Á mon gand père "Nourredine" ;

Á mes grands mères "Aicha" et "Rachida" ;

Á mes oncles et mes tantes ;

Á mes trés chères copines ;

Á mes cousins et mes cousines ;

Á tous mes amis et à toute ma promotion.

Résumé

L'analyse des images microscopiques est importante pour le diagnostique médicale. Dans ce travail, la combinaison de classifieurs est introduite comme une méthode permettant d'améliorer la qualité de la segmentation cellulaire par rapport à un seul classifieur. L'objetif principal de cette segmentation est d'extraire les globules blanc (noyau et cytoplasme), globules rouge et le fond des images de la moelle osseuse ou des images sanguines. Notre technique combine (avec le vote majoritaire et/ou la théorie de Dempster Shafer) les résultats obtenus par les Support Vector Machine (SVM) dans différents espaces couleur. Vingt sept images microscopiques ont été testées et comparées avec les images segmentées manuellement (vérité terrain). Dans les meilleurs des cas, ce travail permet d'obtenir des précisions égales à 95.73% pour le noyau et 84.49% pour le cytoplasme.

Mots clés : Fusion, SVM, théorie de dempster-shafer, image microscopique, espaces couleur.

Abstract

Analyzing the cell images is important in clinics for disease diagnoses. In this work, the combination of classifiers is introduced as a method allowing to improve the quality of cell segmentation as compared to a single classifier. The main objective of this segmentation is to extract white blood cells (nucleus and cytoplasm), red cells and background in bone marrow smear or blood images. Our technique combining (with majority vote and/or the Dempster Shafer rule) the results obtained by support vector machines (SVM) applied within different color spaces. Twenty seven microscopic images were tested, and compared with manually images segmented (ground truth). In the best situation, the proposed framework managed to obtain 95.73% accuracy for nucleus and 84.49% accuracy for cytoplasm.

Keywords : Fusion, SVM, dempster-shafer rule, microscopic image , color spaces.

Table des matières

2

Table des figures

Liste des tableaux

Introduction générale

L'anatomie pathologique, familièrement appelée " ANAPATH ", est une spécialité médicale peu connue du grand public et pourtant indispensable dans la chaîne des soins. Elle est axée sur le diagnostic des lésions à partir de leur aspect morphologique. Les médecins spécialistes appelés " pathologistes " ont en effet la responsabilité de poser un diagnostic et un pronostic de maladie, c'est à dire d'analyser et de déterminer quelle est la nature de la maladie, à partir d'un prélèvement de cellules ou de tissus. Ils utilisent pour cela le microscope pour analyser sur lame des préparations de prélèvements tissulaires ou liquidiens.

L'analyse consiste en la comparaison de l'image observée au microscope avec l'image normale, mémorisée par le cyto-technicien. Cette analyse est d'un intérêt capital car le diagnostic dépend de la bonne reconnaissance des cellules anormales ou suspectes [1]. Or cela est difficile et le faible nombre de cellules normales implique une grande concentration du technicien. A cause de ce facteur subjectif des faux négatifs peuvent apparaître. Pour pallier ceci, une approche consiste à aider le cyto-technicien par un système semi-automatique afin de confirmer son analyse visuelle (segmentation automatique). La Segmentation d'une image veut dire séparation du domaine image en plusieurs zones [2]. La différence entre la segmentation et la classification vient du fait que chaque zone est fortement connexe.

L'image microscopique est avant tout une image couleur qui est un ensemble de pixels. Ces derniers sont généralement représentés dans un espace couleur. Il existe plusieurs espaces couleur : primaire, luminance-chrominance, perceptuels et d'axes indépendants. Chacun d'eux représente la couleur d'une manière différente ce qui donne plusieurs configurations colorimétriques à la même image.

Dans ces cadres là, nous désirons élaborer une méthode de segmentation d'images couleur, en séparant ses composantes en globule blanc ou leucocyte (noyau et cytoplasme), globule rouge et fond. Cependant la configuration spatiale et colorimétrique de ces images microscopiques est extrêmement variable, ce qui rend difficile leur extraction précise et un algorithme de segmentation peut bien fonctionner sur certaines images et moins sur d'autres.

Afin d'améliorer davantage le taux de reconnaissance, de nombreux auteurs se sont intéressés à la fusion de différents schémas de segmentation ([1], [3], [4]). Il est important à signaler que la fusion de données apporte une aide à la décision. Pour cela elle évalue, selon différents formalismes la quantité et la qualité de la connaissance apportée par chaque schéma de segmentation et elle combine ces informations afin de déterminer la meilleure décision[5].

Il existe plusieurs formalismes pour la fusion de données ; allant des méthodes simples jusqu'aux mé-

5

thodes issues du domaine de l'intelligence artificielle.

Ainsi, nous proposons de fusionner, selon différents formalismes, les différents schémas de segmentation obtenus par classification SVM de pixels dans différents espaces couleur, afin de profiter de la complémentarité des différents espaces.

Ce livre est organisé en 4 chapitres. Dans le premier, nous donnerons un aperçu sur le traitement d'images et les espaces couleur. Dans le deuxième chapitre, nous aborderons l'algorithme Support Vector Machine vu qu'il a été utilisé dans la segmentation sur les espaces couleur.

Nous étalerons, dans le troisième chapitre, l'état de l'art et les principaux axes du domaine de la fusion d'information.

Enfin, dans le quatrième chapitre et le dernier, nous détaillerons notre expérimentation ; la méthode d'étiquetage, les segmentations SVM, les différentes fusions et la discussion des résultats obtenus.

Pour clôturer, la conclusion et les perspectives sont données dans l'espoir que ce travail contribue et contribuera dans l'aide au diagnostic médical.

Chapitre 1

Traitement d'image et Espaces de couleur

1.1 Introduction

Avec la parole, l'image constitue l'un des moyens les plus importants de communication universel, dont la richesse du contenu permet aux êtres humains de tout âge et de toute culture de se comprendre.

Alors que dans le passé le traitement d'image couleur se limitait essentiellement aux images satellitaires, ces dernières années il a gagné de l'importance grâce aux nouvelles possibilités. Ceci est du, entre autres, au haut niveau d'information que l'image couleur contient par rapport á l'image au niveau de gris (...). Cette information permet au traitement d'image couleur de succéder dans divers domaines où le traitement classique d'image au niveau de gris dominait généralement [6].

Dans ce chapitre nous présenterons tout d'abord ce que c'est l'image et sa représentation dans les espaces couleurs. Ensuite nous passerons au domaine du traitement et d'analyse de l'image, plus particulièrement á la segmentation des images couleurs.

1.2 Image couleur

Informatiquement parlé, une image couleur est avant tout une image numérique. Cette dernière est un tableau (une matrice) de dimensions finies de valeurs numériques de précision finie. Chaque élément fondamental de ce tableau s'appelle un pixel (de l'anglais picture element). Chaque pixel est caractérisé par sa position spatiale dans la matrice et sa valeur numérique.

Une image est acquise à l'aide d'un capteur, et selon la capacité spectrale [1] de ce dernier, trois classes de capteurs peuvent être différenciées : panchromatique, multispectrale et hyperspectrale.

Les senseurs panchromatiques sont sensibles à l'ensemble du spectre visible et l'information est contenu à l'intérieur d'une seule large bande spectrale. Les senseurs multispectraux sont sensibles à certaines bandes prédéfinies du spectre électromagnétique dans le visible et dans l'infrarouge alors que les senseurs hyperspetraux sont sensibles à une large bande du spectre électromagnétique (prédéfinies), divisée en

---

1. un spectre est l'ensemble des rayons colorés résultants de la décomposition de la couleur par un prisme

plusieurs petites bandes spectrales.

Dans le cas général[7], la couleur d'un pixel va être représentée par trois composantes notées C_1 , C_2 et C_3, et à ces trois composantes nous faisons correspondre respectivement trois vecteurs directeurs normés $\vec{C_1}$, $\vec{C_2}$ et $\vec{C_3}$ qui forment le repère d'un espace vectoriel d'origine O appelé *espace couleur*. Dans cet espace, chaque couleur est ainsi représenté par un point C, qui définit le vecteur couleur $\vec{OC}$ et dont les coordonnées sont les valeurs de composantes C_1 , C_2 et C_3. La figure 1.1 illustre ce propos. Une image sera donc représentée dans l'espace couleur (C_1,C_2,C_3) par un nuage de points (figure 1.2).

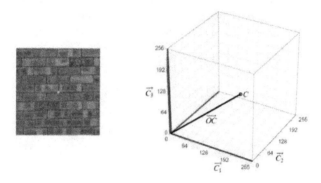

FIGURE 1.1 – Représentation d'un pixel dans un espace couleur

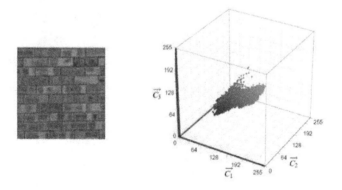

FIGURE 1.2 – Nuage de points de l'image dans un espace couleur

1.3   Espaces couleur

Un espace couleur est un système de coordonnées couleurs où les valeurs de l'image sont représentées[6]. Les espaces couleurs ont été étudiés et modélisés par la Commission Internationale de l'Éclairage (CIE). En 1931 la CIE a défini et adopté des illuminants et observateurs standard afin de représenter l'ensemble des couleurs. La CIE a ensuite montré par l'expérience psycho-visuelle d'égalisation des couleurs qu'en combinant trois stimuli de longueurs d'ondes particulières nous pouvons synthétiser presque toutes les couleurs existantes, donc les espaces de couleurs sont des systèmes de coordonnées en trois dimensions où la couleur á analyser a été transformé en un tri-stimulus particulier [8].

La figure 1.3 [7] illustre les grandes familles des espaces couleurs, que nous detaillerons dans ce qui suit :

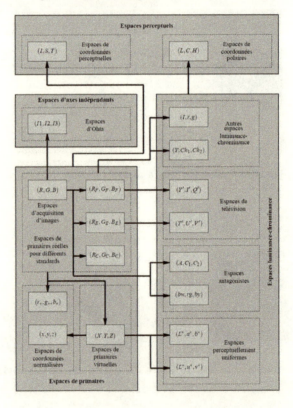

FIGURE 1.3 – Les espaces couleurs

1.3.1 Espaces de primaires

La perception humaine de la couleur est caractérisée par un aspect tridimensionnel. Trois primaires sont nécessaires et suffisantes pour reproduire toute couleur et *la colorimétrie*, science de la mesure de la couleur, est basée sur cette théorie.

Les quantités de chacune des primaires nécessaires à reproduire une couleur sont appelées *composantes trichromatiques*. Pour reproduire cette couleur, elles peuvent être mélangées par *synthèse additive* (juxtaposition de lumières colorées, correspondant chacune à une des trois primaires). Il existe une multitude d'espaces (R,G,B) qui dépendent des primaires utilisées pour reproduire la couleur.

– **Espace** (R_c, G_c, B_c)

L'espace (R_C, G_C, B_C) de la CIE a été défini en 1931. L'indice C est utilisé en référence à cette commission. Chaque stimulus de couleur est représenté par un point C qui définit le vecteur couleur $\vec{OC}$. Les coordonnées de ce vecteur sont les composantes trichromatiques R_C, G_C et B_C. Les points correspondant à des stimuli de couleur, dont les composantes trichromatiques sont positives, sont contenus dans un cube, connu sous le nom de cube des couleurs (figure 1.4). L'origine O correspond au noir ($R_C=G_C=B_C=0$) tandis que le blanc de référence est défini par le mélange unitaire des trois primaires ($R_C=G_C=B_C=1$). La droite passant par les points *Noir* et *Blanc* est appelée *axe des gris*, *axe des couleurs neutres* ou encore *axe achromatique*. En effet, les points de cette droite représentent des nuances de gris allant du noir au blanc [7].

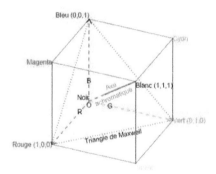

FIGURE 1.4 – Cube de couleurs

– **Espace** (r_c, g_c, b_c)

Les composantes trichromatiques d'un stimulus de couleur du système (R_C, G_C, B_C) sont liées à sa luminance (nous définissons ici la luminance comme étant l'attribut d'une sensation visuelle selon laquelle une surface paraît émettre plus ou moins de lumière). Deux stimuli de couleur peuvent ainsi posséder le même caractère chromatique, que nous appellerons *chrominance*, mais avoir des composantes trichromatiques R_C, G_C et B_C différentes et ceci à cause de leur luminance. Afin d'obtenir des composantes qui ne tiennent compte que de la chrominance, il convient donc de normaliser les valeurs des composantes trichromatiques par rapport à la luminance. Ceci est réalisé en divisant chaque composante par la somme des trois. Les composantes ainsi obtenues sont appelées *coordonnées trichromatiques, coordonnées réduites* ou encore *composantes normalisées*. Pour l'espace (R_C,G_C,B_C) de la CIE, elles sont notées r_c, g_c, b_c et sont définies par :

$$\begin{cases} r_c & = & \frac{R_C}{R_C+G_C+B_C} \\ g_c & = & \frac{G_C}{R_C+G_C+B_C} \\ b_c & = & \frac{B_C}{R_C+G_C+B_C} \end{cases} \tag{1.1}$$

L'espace de représentation associé aux coordonnées trichromatiques est appelé l'*espace (R_C,G_C,B_C) normalisé*.Il est noté (r_c,g_c,b_c). Comme $r_c + g_c + b_c = 1$, deux composantes suffisent à représenter la chrominance d'une couleur. Ainsi, Wright et Guild ont proposé un diagramme appelé *diagramme de chromaticité* (r,g) représenté dans la figure 1.5

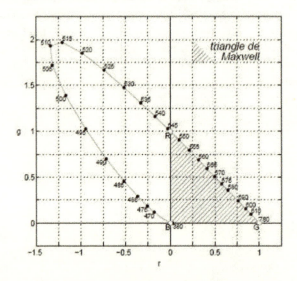

FIGURE 1.5 – Diagramme de chromacité (r_c,g_c)

Nous voyons sur cette figure que cette représentation impose l'existence de coordonnées négatives. Ces coordonnées représentent des couleurs physiquement non réalisables par *synthèse additive*. Pour palier ce problème, entre autres, la CIE a établi le *système de référence colorimétrique* (X,Y,Z).

– Espace (X,Y,Z) de la CIE

Dans cet espace, les primaires [X], [Y] et [Z], dites *primaires de références*, ont été créés de telle sorte que toutes les couleurs soient exprimées par des composantes trichromatiques positives. Ces primaires sont donc virtuelles, sans réalité physique. Nous pouvons ainsi reproduire toutes les couleurs du visible par synthèse additive. La primaire [Y] représente une information sur la luminosité (plus précisément Y représente la *luminance visuelle*). Nous pouvons noter qu'il est possible de passer de n'importe quel espace (R,G,B) à l'espace (X,Y,Z) par l'intermédiaire d'une matrice de passage dont les coefficients sont principalement conditionnés par le choix des primaires [R], [G] et [B] utilisées.

De même que pour l'espace (R_C,G_C,B_C), la CIE a défini les coordonnées trichromatiques de l'espace (X,Y,Z) :

$$\left\{ \begin{array}{rcl} x &=& \frac{X}{X+Y+Z} \\ y &=& \frac{Y}{X+Y+Z} \\ z &=& \frac{Z}{X+Y+Z} \end{array} \right. \tag{1.2}$$

Comme $x + y + z = 1$, z peut être déduit à partir de x et y, ce qui permet de représenter la couleur dans un plan et donc de construire le diagramme de chromaticité (x, y), représenté par la figure 1.6. Nous voyons bien sur ce diagramme que toutes les couleurs sont exprimées par des coordonnées trichromatiques positives, contrairement au diagramme de la figure 1.5.

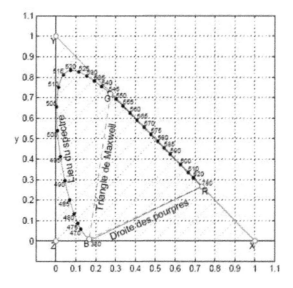

FIGURE 1.6 – Diagramme de chromacité (x,y)

12

1.3.2   Espaces luminance-chrominance

Les espaces luminance-chrominance possèdent une composante appelée luminance, qui permet de quantifier la luminosité, et deux autres composantes de chrominance notées (Chr_1 et Chr_2) qui sont suffisantes pour quantifier le caractère chromatique d'un stimulus de couleur. Il existe différents espaces luminance-chrominance. Nous trouvons, entre autres, les espaces perceptuellement uniformes (où la luminance est notée L), les espaces antagonistes (où la luminance est notée A) ou encore les espaces de télévision (où la luminance est notée Y).

– **Espaces perceptuellements uniformes**

L'espace (X,Y,Z) n'est pas perceptuellement uniforme car il existe des zones dans le diagramme de chromaticité (x, y) (figure 1.6) où les différences de couleurs ne sont pas perceptibles par un observateur. En effet, des couleurs perceptuellement proches peuvent correspondre à des écarts de couleurs importants dans l'espace de représentation adopté tandis que des couleurs perceptuellement très différentes peuvent correspondre à des écarts de couleurs trop faibles, d'où la nécessité dans certains cas d'utiliser des espaces de représentation perceptuellement uniformes. Les espaces (L*,u*, v*) et (L*,a*,b*) sont deux espaces perceptuellement uniformes définis par la CIE. L'information de luminance est dans ce cas appelée *clarté*.

– **Espace antagonistes**

Cette famille d'espaces de représentation de la couleur a été créée pour tenter de modéliser le système visuel humain. Afin de parvenir à ce but, quelques auteurs ont proposés différents modèles appliqués à l'analyse d'image. Nous retrouvons notamment les travaux de Faugeras [9] (espace *(L, M, S)*) ou encore ceux de Garbay [10] (espace (A, C_1, C_2)).

Ces travaux sont basés sur la théorie des couleurs opposées de Hering. Selon cette théorie, l'information couleur captée par l'œil est transmise au cerveau sous la forme de trois composantes, une composante achromatique (L ou A) et deux composantes de chrominance, correspondant respectivement à un signal d'opposition vert-rouge et à un signal d'opposition jaune-bleu. En ce sens les espaces (L*,u*, v*) et (L*,a*,b*) présentés précédemment peuvent être considérés comme des espaces antagonistes.

– **Espace de télévision**

Le codage des signaux de télévision en couleur a été réalisé de façon à rester compatible avec les téléviseurs noir et blanc qui doivent pouvoir recevoir en noir et blanc les émissions en couleur. De même, les téléviseurs couleurs doivent pouvoir recevoir en noir et blanc les émissions en noir et blanc. Pour satisfaire ces deux principes, les signaux de télévision séparent donc l'information de luminance de celle de chrominance. Cette séparation peut être réalisée par une transformation linéaire des composantes trichromatiques du système (R_C, G_C, B_C). La luminance correspond à la composante Y du système (X, Y, Z). Les composantes de chrominance Chr_1 et Chr_2 sont alors calculées par les relations suivantes :

$$\begin{cases} Chr_1 &= a_1(R_C - Y) + b_1(B_C - Y) \\ Chr_2 &= a_2(R_C - Y) + b_2(B_C - Y) \end{cases}$$ (1.3)

Les coefficients a_1, b_1, a_2 et b_2 sont spécifiques aux différents standards de transmission (NTSC, PAL ou SECAM).

1.3.3 Espaces perceptuels

Dans ce type d'espace, la couleur est décrite comme l'homme la qualifie, c'est-à-dire par rapport à la *luminosité*, la *teinte* et la *saturation*. La teinte correspond aux dénominations des couleurs telles que rouge, vert, bleu, jaune,... La saturation, elle, est une grandeur permettant d'estimer le niveau de coloration d'une teinte indépendamment de sa luminosité.

Les espaces perceptuels sont en fait des cas particuliers des espaces luminance-chrominance. Il existe de nombreux espaces de ce type dans la littérature, présentés sous différentes dénominations telles que (I,S,H), (H,S,L), (H,S,I), (H,S,V), (L,T,S),... Nous retrouvons notamment les espaces de coordonnées polaires et les espaces de coordonnées perceptuelles.

– **Espaces de coordonnées polaires**

Cette famille se déduit directement des espaces luminance-chrominance dans lesquels, la représentation de la couleur se fait avec un axe pour la luminosité et un plan pour la chrominance comme le montre la figure 1.7.

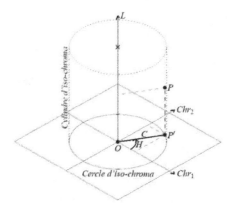

FIGURE 1.7 – Espace de coordonnées polaires

Un point P aura alors pour coordonnées L, C et H ; L étant la luminosité, C le chroma (qui est une grandeur permettant d'estimer le niveau de coloration d'une teinte, tout comme la saturation, mais qui, lui, est dépendant de la luminosité) et H l'information de teinte. Les espaces de coordonnées polaires sont en fait une transposition des coordonnées cartésiennes des espaces luminance-chrominance en coordonnées polaires. C représente alors le module des coordonnées du point P et H l'angle d'orientation.

– **Espace de coordonnées peceptuelles**

Ces espaces sont directement évalués à partir d'un espace de primaires et représentent la couleur en terme d'intensité I, de saturation S et de teinte T. L'intensité correspond à l'information de luminosité, mais elle est désignée ainsi principalement dans un souci de la différencier des espaces de coordonnées polaires.

Il existe de nombreux modèles d'espaces de coordonnées perceptuelles : le modèle triangulaire, le modèle de cône hexagonal, le modèle de cône hexagonal double,...qui se différencient par les relations exprimant l'intensité, la teinte ou la saturation. Chaque modèle correspond en fait à une projection particulière du cube des couleurs sur l'axe achromatique ou sur le plan perpendiculaire à cet axe.

1.3.4   Espaces d'axes indépendants

Un des inconvénients des espaces (R,G,B) est que ses trois composantes sont fortement corrélées, c'est-à-dire qu'elles portent en elle une information commune. En effet, elles possèdent un fort facteur de luminance réparti sur chacune d'entre elles. Cette corrélation peut être plus ou moins importante selon les cas. Ainsi, de nombreux auteurs ont tenté de déterminer des espaces de représentation de la couleur dont les composantes sont indépendantes, c'est-à-dire des composantes qui portent des informations différentes et non redondantes. La principale solution consiste à réaliser l'analyse en composantes principales d'un système de représentation et d'y appliquer la transformation de Karhunen-Loeve.

– **Analyse en composantes principales**

L'analyse en composantes principales (ACP) est une méthode d'analyse de données. Son but est d'analyser un ensemble de données quantitatives, représentées dans un espace multidimensionnel, afin d'obtenir un espace de représentation de dimension éventuellement réduite dont les composantes, appelées composantes principales, sont décorrélées, c'est-à-dire qu'elles ne portent pas le même type d'information. Dans le cas où les données sont les composantes trichromatiques R, G et B, par exemple, l'analyse en composantes principales fournit un espace de représentation de la couleur dont les composantes sont non corrélées et qui peuvent être traitées indépendamment. Pour cela, l'ensemble des données traitées est caractérisé par sa matrice de covariance qui est modifiée de telle sorte que toutes les covariances croisées soient nulles. Il s'agit donc de diagonaliser la matrice de covariance pour en calculer les valeurs propres et d'extraire les vecteurs propres correspondants

notés w_i. Le calcul des nouvelles composantes X_i se fait donc par la relation : $X_i = w_i[RGB]^T$.
La transformation de Karhunen-Loeve consiste donc à appliquer cette relation à chacune des nouvelles composantes. Le problème de l'analyse en composantes principales est qu'elle dépend des propriétés statistiques d'un ensemble de données. En analyse d'images, il faut donc réaliser l'ACP de chaque image pour déterminer la transformation de Karhunen-Loeve correspondante, ce qui est fort coûteux en temps de calcul. Pour éviter ce problème, Ohta tente de déterminer des espaces d'axes indépendants par approximation de la transformation de Karhunen-Loeve, pour un ensemble d'images liées à une application spécifique [11].

– **Espace d'ohta**

Dans le domaine du traitement d'images couleur, une expérience menée par Ohta en 1980 sur une série de huit images différentes a permis de déterminer un espace de représentation de la couleur basé sur une analyse en composantes principales [11]. Il propose de segmenter ces images en régions par la méthode de seuillage récursif de Ohlander [12] et d'appliquer une analyse en composantes principales à chaque itération de l'algorithme. Il montre alors qu'il existe une transformation unique appelée (I_1, I_2, I_3) modélisant l'analyse en composantes principales et se montrant tout aussi efficace que cette dernière.
Cette transformation est définie par les équations suivantes :

$$\left\{ \begin{array}{rcl} I_1 & = & \frac{R+G+B}{3} \\ I_2 & = & \frac{R-B}{2} \\ I_3 & = & \frac{2G-R-B}{4} \end{array} \right. \tag{1.4}$$

Nous constatons que la première composante, qui est aussi la plus discriminante, représente la luminance.
En somme, il est également possible de considérer l'espace (I_1, I_2, I_3) comme un espace luminance-chrominance.

1.4   Traitement et analyse d'image

Le domaine qui regroupe l'ensemble des méthodes et techniques opérant sur les images est *le traitement et analyse d'images*. Ce dernier s'intéresse, entre autres, à l'amélioration de l'aspect visuel de l'image (filtrage, restauration,...) et à l'extraction des informations jugées pertinentes (Extraction de primitives et segmentation).
Dans cette section, nous donnerons un aperçu sur le domaine de la segmentation d'image.

1.4.1 Problématique classification-segmentation

En analyse d'images[7], il est important de bien distinguer classification et segmentation, même si ces deux notions sont très proches :

- **Segmentation** :est un traitement qui consiste à créer une partition de l'image considérée, en sous-ensembles appelés *régions*. Une région est un ensemble connexe de pixels ayant des propriétés communes (intensité, texture,...) qui les différencient des pixels des régions voisines [13].
- **Classification** : classification est, elle, une méthodologie consistant à classer des individus (des pixels, des images,...) en exploitant leur similarité, mais en aucun cas on ne cherche à partitionner l'image.

Cependant, la classification de pixels peut être une étape de la segmentation d'images.

1.4.2 Segmentation

Il existe plusieurs types de segmentations regroupés en trois catégories [7] : Segmentation basée Pixels, Segmentation basée régions et Segmentation basée contours.

1. **Segmentation basée pixel**

Le principe consiste à regrouper les pixels selon leurs attributs sans tenir compte de leur localisation au sein de l'image. Cela permet de construire des classes de pixels ; les pixels adjacents, appartenant à une même classe, forment alors des régions. Parmi les approches pixellaires nous distinguons les méthodes de seuillage et les méthodes de classification (clustering).

La classification consiste à regrouper et à classer les pixels d'une image en classes en fonction de leurs propriétés. Il existe deux grandes tendances : la classification supervisée (PMC, SVM, K-plus proches voisins,...), basée sur l'apprentissage de propriétés discriminantes sur un échantillon de données déjà classées, et la classification non supervisée (K-means,GMM,...) basée sur une mesure de distance entre les vecteurs d'attributs.

2. **Segmentation basée région**

La segmentation par régions assigne un label ou une étiquette à un ensemble de pixels connexes présentant des caractéristiques homogènes proches.

Nous retrouvons dans cette catégorie la segmentation basée sur la croissance de régions et les méthodes par division-fusion. La croissance de régions débute à partir de germes dans l'image que l'on propage aux pixels voisins de teintes ressemblantes. Nous agglomérons ainsi les pixels de proche en proche, jusqu'a ce qu'aucun regroupement ne soit plus possible. Les méthodes dites de division partent de l'image entière que nous irons la découper récursivement en plus petites régions tant que ces régions ne sont pas suffisamment homogènes. Une approche duale de fusion part d'un ensemble de petites régions homogènes qui sont récursivement regroupées sous des conditions de proximité spatiale (adjacence) et d'homogénéité. Les méthodes dites de division-fusion sont un mélange de ces deux approches.

3. **Segmentation basée contour**

   Cette catégorie correspond à une approche duale qui cherche à détecter une transition (ou contour) entre deux régions connexes. Les détecteurs de contours peuvent être simples, comme les operateurs de Sobel ou de Roberts, ou plus complexes tel que l'operateur de Canny. La segmentation par approche contour peut être faite a partir de l'image de gradient, du laplacien par détection des contours ou par application d'un contour déformable initialisé automatiquement ou manuellement.

1.5   conclusion

Dans ce chapitre, nous avons abordés des généralités sur les principaux espaces couleurs et un aperçus sur la segmentation en traitement et analyse d'image.

Dans le chapitre suivant, nous nous intéresserons à l'algorithme Support Vector Machine (SVM), puisque ce dernier a été utilisé afin de segmenter nos images sur les différents espaces couleur retenus par classification des pixels.

Chapitre 2

Support Vector Machine

2.1 Introduction

La manipulation des images pose des problèmes beaucoup plus complexes que celle du texte. En effet, l'image est un objet à deux dimensions, censé représenter un espace à trois dimensions, ce qui a deux conséquences majeures :
- Le volume des données à traiter est beaucoup plus important ;
- La structure de ces données est nettement plus complexe.

Grâce au traitement d'image, ces contraintes sont levées ou contournées. Comme dit précédemment, ce domaine cherche entre autres á l'analyse et la compréhension de l'image dans le but d'en extraire des informations utiles (segmentation).

Pour segmenter une image en régions homogènes, il est nécessaire de classer les pixels de l'image. Les processus de segmentation d'images sont cruciaux pour l'interprétation de l'image [14].

Nous segmenterons nos images microscopiques par les SVM ; ce choix se justifie par le fait que les SVM sont connus par leur pouvoir de traiter des données de grandes dimensions et ne dépendent pas de l'espace de représentation de ces données.

2.2 Apprentissage, classification et SVM

2.2.1 Notion d'apprentissage

L'apprentissage est l'acquisition de connaissances et compétences permettant la synthèse d'information [15]. Un algorithme d'apprentissage va permettre de passer d'un espace des exemples X à un espace dit des hypothèses H. L'algorithme SVM va explorer l'espace H pour obtenir le meilleur hyperplan séparateur.

L'apprentissage peut être supervisé, non supervisé, semi-supervisé ou par renforcement. Les SVM se situent dans le groupe des algorithmes d'apprentissage supervisés puisque qu'il a besoin d'une base d'exemples étiquetés pour générer la règle de classification.

2.2.2 Notion de classification

La classification est une opération de structuration qui vise à organiser un ensemble d'observation en groupes homogènes et contrastés afin de faciliter l'analyse des informations et d'effectuer des prédictions [15].

2.2.3 Machines à vecteurs support

Les machines à vecteurs support on été introduites en 1995 par Cortes et Vapnik [16], [17]. Elles sont utilisées dans de nombreux problèmes d'apprentissage : reconnaissance de forme, catégorisation de texte ou encore diagnostique médical.
Les SVM reposent sur deux notions : celle de marge maximale et celle de fonction noyau. Elles permettent de résoudre des problèmes de discrimination non linéaire.
La marge est la distance entre la frontière de séparation et les échantillons les plus proches appelés vecteurs support. Dans un problème linéairement séparable les SVM trouvent une séparatrice qui maximise cette marge. Dans le cas d'un problème non linéaire nous utilisons une fonction noyau pour projeter les données dans un espace de plus grande dimension où elles seront linéairement séparables (figure 2.1, [18])

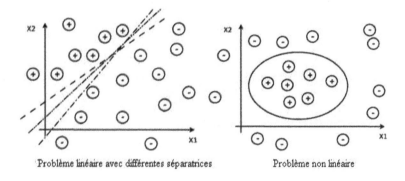

Problème linéaire avec différentes séparatrices   Problème non linéaire

FIGURE 2.1 – Exemples de séparation linéaire et non linéaire

2.3   Fonctionnement des machines à vecteurs support

2.3.1   Principe

Les machines à vecteurs support forment une classe d'algorithmes d'apprentissage supervisés. Nous nous intéressons à une fonction notée f qui a toute entrée x fait correspondre une sortie $y = f(x)$. Le but est d'essayer d'apprendre f à partir d'un ensemble de couple (x_i, y_i).

Dans ce problème les machines à vecteurs support vont être utilisées pour classifier une nouvelle observation x en se limitant à deux classes $y \in \{-1, 1\}$. Nous allons donc construire une fonction f qui à chaque valeur d'entrée dans un ensemble R^d va faire correspondre une valeur de sortie $y \in \{-1, 1\}$:

$$f : R^d \to \{-1, 1\}, f(x) = y \tag{2.1}$$

Dans le cas linéaire, une fonction discriminante h est obtenue par combinaison linéaire d'un vecteur d'entrée $x = (x_1, ..., x_d)$ et s'écrit :

$$h(x) = w.x + b \tag{2.2}$$

La classe est donnée par le signe de $h(x)$: $f(x) = sign(h(x))$. Si $h(x) \geq 0$ alors x est de classe 1 sinon x est de classe -1. La séparatrice est alors un hyperplan affine d'équation : $w.x + b = 0$.

Si (x_i, y_i) est un des p elements de la base d'apprentissage noté A_p , nous voulons trouver le classifieur h tel que :

$$y_i(w.x_i + b) \geq 0, i \in [1, p] \tag{2.3}$$

Dans le cas simple linéairement séparable il existe de nombreux hyperplans séparateurs comme nous pouvons le voir sur la figure 2.1. Selon la théorie de Vapnick [16] l'hyperplan optimal (optimum de la distance inter-classe) est celui qui maximise la marge. Cette dernière étant définie comme la distance entre un hyperplan et les points échantillons les plus proches. Ces points particuliers sont appelés vecteurs support. La distance entre un point x quelconque et l'hyperplan est donnée par l'équation suivante :

$$d(x) = \frac{|w.x_i + b|}{||w||} \tag{2.4}$$

Nous allons voir au paragraphe suivant que maximiser la marge va revenir à minimiser $||w||$ ([18])

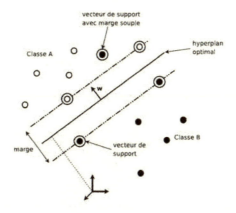

FIGURE 2.2 – Hyperplan de séparation optimal avec marge souple dans un cas non linéairement séparable

2.3.2   Forme primale

Les paramètres w et b étant définis à un coefficient multiplicatif près, nous choisissons de les norma-liser pour que les échantillons les plus proches (x_s) vérifient l'égalité suivante :

$$y_s(w.x_s + b) = 1 \qquad (2.5)$$

Donc quelque soit l'échantillon x_i nous obtenons :

$$y_i(w.x_i + b) \geq 1 \qquad (2.6)$$

La distance entre l'hyperplan et un point support est donc définie par $\frac{1}{||w||}$. La marge géométrique entre deux classes est égale à $\frac{2}{||w||}$. La forme primale (qui dépend non seulement de w et b) des SVM est donc un problème de minimisation sous contrainte qui s'écrit :

$$\begin{cases} \min(\frac{1}{2}||w||^2) \\ \forall(x_i, y_i) \in A_p, y_i(w.x_i + b) \geq 1 \end{cases} \qquad (2.7)$$

2.3.3   Forme duale

La formulation primale peut être transformée en formulation duale en utilisant les multiplicateurs de Lagrange. L'équation (2.7) s'écrit alors sous la forme suivante :

$$L(\mathbf{w}, b, \alpha) = \frac{1}{2}||w||^2 - \sum_{i=1}^{p} \alpha_i(y_i(\mathbf{w}.\mathbf{x}_i + b) - 1) \qquad (2.8)$$

La formulation de Lagrange permet de trouver les extremums en annulant les dérivées partielles de la fonction $L(w, b, \alpha)$. Le lagrangien L doit être minimisé par rapport à w et b et maximisé par rapport à α. Nous résolvons ce nouveau problème en calculant les dérivées partielles :

$$\frac{\partial L}{\partial \mathbf{w}} = w - \sum_{i=1}^{p} \alpha_i y_i \mathbf{x}_i = 0 \qquad (2.9)$$

$$\frac{\partial L}{\partial b} = \sum_{i=1}^{p} \alpha_i y_i = 0 \qquad (2.10)$$

En réinjectant les deux premières dérivées partielles 2.9 et 2.10 dans l'équation 2.8 nous obtenons :

$$L(\alpha) = \frac{1}{2}\sum_{i=1}^{p} \alpha_i y_i \sum_{j=1}^{p} \alpha_j y_j \mathbf{x}_i.\mathbf{x}_j - \sum_{i=1}^{p} \alpha_i y_i \sum_{j=1}^{p} \alpha_j y_j \mathbf{x}_i.\mathbf{x}_j - \sum_{i=1}^{p} \alpha_i y_i b + \sum_{i=1}^{p} \alpha_i \qquad (2.11)$$

Nous en extrairions la formulation duale (dépendant des α_i) suivante :

$$L(\alpha) = \sum_{i=1}^{p} \alpha_i - \frac{1}{2}\sum_{i,j} \alpha_i \alpha_j y_i y_j \mathbf{x}_i \mathbf{x}_j \qquad (2.12)$$

Nous cherchons donc à maximiser $L(\alpha)$ sous les contraintes $\alpha_i \geq 0$ et $\sum_i \alpha_i y_i = 0$. Á l'optimal, α^*, les conditions de Karush Kuhn Tucker [1](conditions KKT) sont satisfaites et permettent d'écrire l'égalité suivante :

$$\alpha_i[y_i(\mathbf{w}.\mathbf{x}_i + b) - 1] =, \forall i \in [1, p] \qquad (2.13)$$

Cela nous donne $\alpha_i = 0$ ou $(\mathbf{w}.\mathbf{x}_i + b) - 1 = 0$. Ces deux possibilités impliquent que seuls les α_i associé à des exemples situés sur la marge peuvent être non nuls. Autrement dit, ces exemples sur la marge constituent les vecteurs support, qui seuls contribuent à définir l'hyperplan optimal.

Cette maximisation est un problème de programmation quadratique de dimension égale au nombre d'exemple. L'équation (2.9) nous donne la valeur optimale pour w noté w^* :

$$w^* = \sum_{i=1}^{p} \alpha_i^* y_i \mathbf{x}_i \qquad (2.14)$$

avec α^* les coefficients de Lagrange optimaux. En utilisant l'équation de l'hyperplan nous obtenons l'hyperplan de marge maximale :

$$h(x) = \sum_{i=1}^{p} \alpha_i^* y_i \mathbf{x}.\mathbf{x}_i + b \qquad (2.15)$$

---

1. conditions nécessaires dans la programmation non-linéaire

2.3.4   Astuce du noyau

Le cas linéairement séparable est peu intéressant, car les problèmes de classification sont souvent non linéaires. Pour résoudre ce point la méthode classique est de projeter les données dans un espace de dimension supérieur appelé espace de redescription. L'idée étant qu'en augmentant la dimensionnalité du problème nous nous retrouvons dans le cas linéaire vu précédemment. Nous allons donc appliquer une transformation non linéaire $\phi(\bullet)$ aux vecteurs d'entrée $x_i \in R$ et $\phi(x_i \in R)$, $(e > d)$. Ce changement va conduire à passer d'un produit scalaire dans l'espace d'origine $\mathbf{x}_i \cdot \mathbf{x}_j$ à un produit scalaire $\phi(\mathbf{x}_i) \cdot \phi(\mathbf{x}_j)$ dans l'espace de redescription (figure 2.3 [18]). L'astuce est d'utiliser une fonction noyau notée K qui

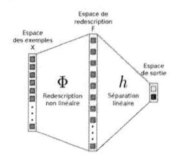

FIGURE 2.3 – La transformation linéaire des données

évite le calcul explicite du produit scalaire dans l'espace de redescription. Nous avons alors l'égalité suivante :

$$K(\mathbf{x}_i, \mathbf{x}_j) = \phi(\mathbf{x}_i) \cdot \phi(\mathbf{x}_j) \tag{2.16}$$

Il existe de nombreuses fonctions noyau ; les deux les plus utilisées sont le noyau gaussien (équation 2.17) et le noyau polynomial (équation 2.18) :

$$K_\gamma(\mathbf{x}_i, \mathbf{x}_j) = e^{-\gamma\|\mathbf{x}_i - \mathbf{x}_j\|} \tag{2.17}$$

$$K_{\gamma, d, r}(\mathbf{x}_i, \mathbf{x}_j) = (\gamma \mathbf{x}_i \cdot \mathbf{x}_j + r)^d \tag{2.18}$$

Les noyaux gaussien sont des noyaux dits de type radial (fonction à base radial abrégé RBF [17]), indiquant qu'ils dépendent de la distance entre deux exemples.

L'hyperplan séparateur se réécrit avec la fonction noyau sous la forme suivante :

$$h(x) = \sum_{i=1}^{p} \alpha_i^* y_i K_\gamma(\mathbf{x}, \mathbf{x}_i) + b \tag{2.19}$$

Les machines à vecteurs support sont efficaces quand le problème est séparable. Nous avons vu dans le paragraphe précédent que l'utilisation d'une méthode noyau permettait de traiter les cas non linéaires mais cela n'est pas utilisable dans le cas de données non séparables par exemple pour des données bruitées. En effet, nous pouvons avoir des éléments à classer du mauvais coté de l'hyperplan comme le montre la précédente figure 2.2. Cortes et Vapnik en 1995 ont donc introduit le concept de marge souple [16]. Certains exemples d'apprentissage peuvent violer la contrainte que nous la retrouvons dans l'équation de la forme primale. Nous introduisons par conséquent des variables dites "ressorts" $\xi = (\xi_1, ..., \xi_p)$ qui permettent d'assouplir la contrainte pour chaque exemple. Un paramètre supplémentaire de régularisation C est ajouté pour contrôler la pénalité associée aux exemples. La nouvelle forme primale devient alors :

$$\begin{cases} \min(\frac{1}{2}||w||^2 + C\sum_{i=1}^{p}\xi_i) \\ \forall(x_i, y_i) \in A_p, y_i(w.x_i + b) \geq 1 - \xi_i \end{cases} \tag{2.20}$$

De même que pour la forme primale nous obtenons une nouvelle formulation duale qui est alors similaire à celle décrite précédemment. Si nous utilisons en plus la fonction noyau K dans la formulation duale en appliquant la méthode des multiplicateurs de Lagrange nous cherchons alors à maximiser la nouvelle fonction $L(\alpha)$

$$L(w, b, \xi, \alpha) = \frac{1}{2}w^2 + C\sum_{i=1}^{p}\xi_i + \sum_{i=1}^{p}\alpha_i[y_i(\mathbf{w.x}_i + b) - 1 + \xi_i] \tag{2.21}$$

En appliquant la même méthode précédente nous obtenons $L(\alpha)$ à partir de l'expression du Lagragien précedent.

$$L(\alpha) = \sum_{i=1}^{p}\alpha_i - \frac{1}{2}\sum_{i,j=1}^{p}\alpha_i\alpha_j y_i y_j \mathbf{K}(\mathbf{x}_i, \mathbf{x}_j) \tag{2.22}$$

$$\forall(\mathbf{x}_i, y_i) \in A_p, 0 \leq \alpha_i \leq C \; et \; \sum_{i} y_i\alpha_i = 0$$

Le seul changement est la contrainte supplémentaire sur les coefficients α_i, qui se traduit par une borne supérieure C. La solution de l'équation précédente 2.22 est de la forme :

$$h(x) = \sum_{i=1}^{p}\alpha_i^* y_i K(\mathbf{x}, \mathbf{x}_i) + b \tag{2.23}$$

2.4   Classification multi-classes

Les SVM vu précédemment effectuent une classification binaire. Dans la plupart des contextes nous cherchons à résoudre des problèmes multi-classes.

Plusieurs méthodes ont été développées, elles se regroupent en deux approches : les approches parallèles et hiérarchiques. Ces dernières étant moins performantes, nous aborderons seulement les approches parallèles [19].

2.4.1   Un contre tous

Cette approche utilise une architecture parallèle de k machines à vecteurs support, une pour chaque classe. Chaque machine à vecteurs support résout un problème à deux classes : une classe ω_i ($\omega_i \in \Omega$) et toutes les autres $\Omega - \omega_i$. Si nous avons M classifieurs binaires, alors la régle de décision finale est l'application du principe *"winner take all"*. Pour chaque classifieur un score va être établi et l'étiquette attribuée à l'entrée x_i est celle associée au classifieur qui obtient le meilleur score. Son principal inconvénient est d'effectuer un apprentissage qui peut être grandement déséquilibré. Ainsi pour un classifieur ω_i nous pouvons avoir un très petit nombre d'exemples de la classe i et un grand nombre de contre exemples.

2.4.2   Un contre un

Cette approche utilise $k(k-1)/2$ classifieurs où chaque SVM est entrainé pour départager deux classes ω_i et ω_j. Nous construisons ainsi autant de classifieurs que de couples de classe $(\omega_i, \omega_j), i \neq j$ possibles. La règle de décision s'obtient en utilisant la méthode du vote majoritaire. Chaque classifieur va incrémenter le score S_i (respectivement S_j) associé à la classe ω_i (respectivement ω_j). Ensuite le score $S_i(x)$ le plus élevé va permettre d'attribuer l'étiquette i à l'entrée x. Certaines implémentations ajoutent une pondération au vote de chaque classifieur.

Dans [20] les auteurs montrent que la méthode "un contre un" a une meilleure précision que la méthode "un contre tous" dans 60% des cas, mais dans toutes les comparaisons les taux de précision reste proche à 2%. Même si la différence de précision est faible, un argument plus important en faveur de la stratégie "un contre un" est le temps nécessaire à l'apprentissage. Cette dernière est de 2 à 6 fois plus rapide que la méthode "un contre tous". Chaque classifieur de la méthode "un contre un" est entrainé avec beaucoup moins de données que la méthode "un contre tous". La stratégie "un contre tous" a certes beaucoup moins de classifieurs à entrainer, mais dû à la complexité des SVM elle s'avère nettement moins rapide.

2.5   Conclusion

Les machines à vecteurs support ou SVM, constituent une méthode de classification supervisée particulièrement adaptée pour traiter des données de grande dimension. Par rapport aux techniques classiques d'apprentissage, les SVM ne dépendent pas de la dimension de l'espace de représentation des données. Grâce à l'usage d'une fonction noyau, elles permettent une classification non linéaire. L'inconvénient des SVM est le choix empirique de la fonction noyau adaptée au problème. Un deuxième inconvénient est le temps de calcul qui croit de façon cubique en fonction du nombre de données à traiter.
En résumé les SVM constituent une technique d'apprentissage se développant depuis plus de 15 ans mais bien loin d'avoir atteint leurs limites [18].

Chapitre 3

Fusion d'information

3.1 Etat de l'art

Durant les 15 dernières années, plusieurs chercheurs se sont intéressés au développement de systèmes pouvant analyser différents types d'images médicales et en extraire des informations cruciales pour le domaine médicale [21]. Cependant, la segmentation des images est l'une des étapes clés dans le système automatique, car sa précision et sa stabilité affectent la vitesse de traitement ainsi que la précision de tout le système.

Afin de résoudre ce problème, différentes approches se trouvent dans la littérature [22], [8], [23], [24], [25], [26], [27], [28], [29], [30]. La majorité de ces travaux utilisent l'information issue du niveau de gris, de la texture et de la couleur [31].

L. Busin [32] et N. Vandenbroucke [33] ont montré que la qualité de la segmentation d'une image dépend non seulement de l'algorithme utilisé, mais aussi de l'espace de représentation de la couleur retenu. Il s'avère donc difficile de prédire le comportement d'une méthode sur un espace de couleur et un algorithme de segmentation peut bien fonctionner sur certaines images et moins bien sur d'autres.

Les raisons citées ci-dessus ont conduit les chercheurs à la combinaison de classifieurs (Fusion). Nous pouvons citer les travaux de Meurie [4], [3] et le travail de Charrier [1] qui concernent la fusion de segmentations des images microscopiques.

3.2 Définition d'un classifieur

Nous appelons classifieur [34] tout outil de reconnaissance qui reçoit une forme x en entrée et donne des informations à propos de la classe de cette forme. Cet outil est vu comme une fonction qui, à l'aide des descripteurs de la forme x à reconnaitre, décide d'attribuer à x la classe C_i parmi un nombre fini de classes possibles, i=1,...,M.

$$x \rightarrow e(x) = C_i \tag{3.1}$$

Les réponses fournies par un classifieur peuvent être divisées en trois catégories suivant le niveau d'information apporté par le classifieur :

- type Classe : $e_j = C_i (i \in 1, ..., M)$, indique que le classifieur j a attribué la classe C_i à x.
- type Rang : $e_j = [r_1^j, r_2^j, ..., r_M^j]$ où r_i^j est le rang attribué à la classe i par le classifieur j.
- type Mesure : $e_j = [m_1^j, m_2^j, ..., m_M^j]$ où m_i^j est la mesure attribuée à la classe i par le classifieur j.

3.3   Nécessité de la fusion d'information

3.3.1   Définition de la fusion d'information

Une définition génerale a été donnée par I. Bloch [35] disant que :" *La fusion d'informations consiste à combiner des informations issues de plusieurs sources afin d'améliorer la prise de décision"*.

3.3.2   Raisons de la fusion

Afin de résoudre des problémes complexes de détection, de reconnaissance et d'interprétation , et prendre en compte les techniques d'acquisition et les sources de données, il s'avère souvent nécessaire de faire appel à la fusion en traitement d'images.

Une des caractéristiques importantes de l'information en fusion est son imperfection ; sans elle la fusion ne serait pas nécessaire. cette imperfection peut prendre diverses formes[35] :

- **Incertitude :** est relative à la vérité d'une information, et caractérise son degré de conformité à la réalité [36]. Elle fait référence à la nature de l'objet ou du fait concerné, à sa qualité, à son essence ou à son occurence.
- **Imprécision :** concerne le contenu de l'information et mesure donc sur défaut quantitatif de connaissance, sur une mesure [36].
- **Incomplétude :** caractérise l'absence d'information apportée par la source sur certains aspects du probléme.
- **Ambiguité :** exprime la capacité d'une information de conduire à deux interprétations. Elle peut provenir des imperfections précédentes.
- **Conflit :** caractérise deux ou plusieurs informations conduisant à des interprétations contradictoires et donc incompatibles.
- **Redondance :** est la qualité de sources qui apportent plusieurs fois la même information. La redondance entre les sources est souvent observée, dans la mesure où les sources donnent des informations sur le même phénomène. Idéalement, la redondance est exploitée pour réduire les incertitudes et les imprécisions.
- **Complémentarité :** est la propriété des sources qui apportent des informations sur des grandeurs différentes. Elle vient du fait qu'elles ne donnent en général pas d'informations sur les mêmes caractéristiques du phénomène observé. Elle est exploitée directement dans le processus de fusion

pour avoir une information globale plus complète et pour lever les ambiguïtés.

3.4   Principales méthodes de la fusion

H. Zouari [34] a proposé la taxonomie des méthodes de combinaison parallèles de classifieurs (figure 3.1) qui permet de distinguer au premier niveau les méthodes de fusion des méthodes de selection. Alors que les méthodes de selection sont dynamiques ou adaptatives dans la mesure où elles cherchent à combiner le meilleur sous ensemble de classifieurs en fonction des données présentées en entrée de la combinaison, les méthodes de fusion sont statiques puisqu'elles prennent en compte dans un schéma de combinaison fixé toutes les sorties de classifieurs. ces dernières peuvent être séparées au deuxième niveau suivant la nature des classifieurs combinés : combinaison de classifieurs faibles ou combinaison de classifieurs différents.

Si dans les premier cas, les méthodes combinent les résultats de classifieurs identiques (Mêmes algorithmes d'apprentissage et de décision) mais entrainés sur des données de distributions différentes, la situation est entièrement différente en ce qui concerne le deuxième type de méthodes dans lesquelles sont combinés des classifieurs qui se différencient aussi bien par leur structure que par les données traitées et les caractéristiques utilisées.

Dans les méthodes de combinaison de classifieurs différents, l'auteur distingue les méthodes dites "figées" ou sans apprentissage (les sorties des classifieurs sont combinées dans un schéma dont les paramètres sont invariables) des méthodes avec apprentissage qui cherchent à apprendre, sur les données disponibles, les paramètres nécessaires à la combinaison.

Enfin, la complexité de ces méthodes peut varier en fonction du niveau d'information associé aux réponses fournies par les classifieurs à combiner (sortie de types classe, rang ou mesure).

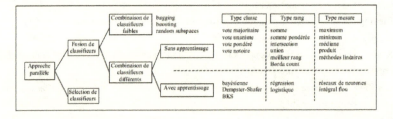

FIGURE 3.1 – Taxonomie des méthodes de combinaison de classifieurs parallèles

Dans ce présent mémoire, les sorties des classifieurs sont de type classe. Nous allons en détailler quelques formalismes de fusion dans la section 3.6.

3.5   Démarche de la fusion

I. Bloch [35] propose, pour un problème général de fusion pour lequel nous disposons de l sources $S_1, S_2, ..., S_l$, et dans lequel le but est de prendre une décision dans un ensemble de n décisions possibles $d_1, d_2, ..., d_n$, ces principales étapes à résoudre pour construire le processus de fusion :

1. **Modélisation :** cette étape comporte le choix d'un formalisme, et des expressions des informations à fusionner dans ce formalisme. Cette modélisation peut être guidée par les informations supplémentaires (sur les informations et sur le contexte ou le domaine). Supposons pour fixer les idées que chaque source S_j fournisse une information représentée par M_i^j sur la décision d_i. La forme de M_i^j dépend bien sûr du formalisme choisie.

2. **Estimation :** la plupart des modélisations nécessitent une phase d'etimation (par exemples toutes les méthodes utilisent des distributions). Là encors les informations supplémentaires peuvent intervenir.

3. **Combinaison :** cette étape concerne les choix d'un opérateur, compatible avec le formalisme de modélisation retenu, et guidé par les informations supplémentaires.

4. **Décision :** c'est l'étape de la fusion, qui permet de passer des informations fournies par les sources au choix d'une décision d_i.

3.6   Formalismes de la fusion

Le point important à signaler est que la fusion de données apporte une aide à la décision c-à-d trancher pour une classe parmi celles présentes dans le conflit. Pour cela, elle évalue selon différents formalismes la quantité et la qualité de la connaissance apportée par chaque classifieur et elle combine ces informations afin de déterminer la meilleure décision (au sens d'un certain critère) parmi les hypothèses possibles. Plusieurs formalismes existent pour modéliser l'information issue d'une image ou d'une mesure. Depuis des méthodes s'appuyant sur des concepts simples qui ne nécessitent pas d'apprentissage(vote majoritaire) à des méthodes nécessitant de l'apprentissage. Ces derniéres reposent sur les principes du cadre probabiliste, très proche du formalisme mathématique, jusqu'aux avancées les plus récentes en intelligence artificielle.

3.6.1   Vote majoritaire

Nous avons vu (figure 3.1, [34]) que les classifieurs de type classe proposent uniquement la classe d'appartenance de la forme à reconnaître [37],[38]. Dans ce cas, les seules méthodes à appliquer pour combiner ces résultats sans apprentissage sont basées sur le principe de vote.

Toutes le méthodes de votes peuvent être dérivées de la règle de majorité avec seuil exprimée par :

$$E(x) = \begin{cases} C_i \text{ si } \sum_i e_i = \max_{c_i \in 1,...,M} \sum_j e_j \geq \alpha K \\ rejet \text{ sinon} \end{cases} \tag{3.2}$$

Où K est le nombre de classifieurs à combiner.

Ainsi pour α =1 la classe finale est choisie si tous les classifieurs proposent cette réponse sinon la réponse finale est le rejet. Cette méthode restrictive qui accepte le moins de risque possible est appelée majorité unanime. Pour α =0.5, cela signifie que la classe finale est décidée si plus de la moitié des classifieurs l'ont proposée. Il s'agit alors du vote à la majorité absolue. Pour α =0 il s'agit de la majorité simple où les résultat de la combinaison est la classe la plus proposée parmi les K classifieurs. Néanmoins, il y a rejet si toutes les classes ont le même nombre de votes. Dans ce cas, les risques de conflits sont particulièrement importants. Les résultats de tests [38] montrent que la majorité notoire, qui consiste à choisir une classe comme réponse finale si elle est majoritaire et se distingue de la deuxième classe par une différence supérieure à un certain seuil, est meilleure que la majorité avec seuil surtout quand un minimum de fiabilité est exigé.

La combinaison peut aussi être basée soit sur la majorité sans conflit si tous les classifieurs ont choisi la même classe sauf éventuellement ceux qui ont donné une réponse rejet, soit sur le vote pondéré où la réponse de chaque classifieur est pondérée par un coefficient indiquant son importance dans la combinaison [39], [40].

Dans [39], la forme d'entrée est attribuée à la classe pour laquelle la somme des votes, qui sont pondérés par la fiabilité estimée de chacun des experts, est la plus élevée. Cette méthode n'introduit pas de critère de rejet.

Dieckman [41] propose un schéma de combinaison basé sur la méthode 2-ou-of-3 de vote qui utilise trois classifieurs différents. Nous pourrons notamment citer les travaux de Lam [42] où sont étudiées les propriétés des méthodes de votes et surtout l'apport d'un classifieur supplémentaire dans une combinaison en fonction du nombre de classifieurs présent auparavant (pair ou impair). Cette étude est justifiée si l'on suppose que tous les classifieurs sont indépendants. Srihari [43] présente une analyse théorique de performance de son système qui traite d'un problème de deux classes en utilisant n classifieurs indépendants et le vote majoritaire. Le taux de reconnaissance de chaque classifieur, p, est supposé le même pour tous les classifieurs. Il est montré que le taux de reconnaissance du système de combinaison augmente avec n pour p>0.5, et diminue pour p<0.5.

3.6.2 Probalités bayésiennes

L'utilisation de la théorie de Bayes [44], [45], [46], consiste à déterminer la classe C_j pour laquelle la probabilité a posteriori $P(C_j/e(1) = C_1, ..., e(k) = C_k)$ est maximun, c'est à dire :

$$E(x) = \begin{cases} C_j \text{ si } P(C_j/e(1) = C_1, ..., e(k) = C_k) = \max_{i=1}^M P(C_i/e(1) = C_1, ..., e(k) = C_k) \\ rejet \text{ sinon} \end{cases}$$

$$(3.3)$$

Pour estimer la probabilité a posteriori, plusieurs études supposent que les décisions des classifieurs doivent être indépendantes [38], [47]. Sous cette hypothèse et en appliquant la formule d'inversion de Bayes, cette probabilité s'écrit :

$$P(C_j/e(1) = C_1, ..., e(k) = C_k) = P(C_j) \prod_{k=1}^K \frac{P(C_j/e(k) = C_k)}{P(C_{ji})}$$

$$(3.4)$$

$P(C_j/e(k) = C_k)$ et $P(C_j)$ sont estimées à partir de la matrice de confusion obtenue pour le classifieur k.

Kang [48] estime la probabilité a posteriori en utilisant une approche de dépendance de produit. Il cherche l'approximation de produit "optimale" pour la distribution de probabilité d'ordre élevé sans proposition d'hypothèses d'indépendance. La méthode proposée par Moobed [49] est basée sur une approche bayésienne. Cette méthode est justifiée théoriquement et présente plusieurs avantages. En effet, elle utilise toutes les informations disponibles, y compris le comportement des classifieurs sur différentes classes. Elle prend en considération tout type de dépendance entre les classifieurs. l'inconvénient majeur de cette méthode est la sensibilité aux nombre d'exemples disponibles.

3.6.3 Théorie de l'évidence

La théorie de l'évidence de Dempster-Shafer (DS) a été introduite par Dempster et formalisé par Shafer [50], [51]. Elle représente à la fois l'imprécision et l'incertitude à l'aide de fonctions de masse m, de plausibilité Pl et de croyance bel. Cette théorie se décompose en trois étapes : la définition des fonctions de masse, la combinaison d'informations et la décision [52].

1. **Définition des fonctions de masse**

   L'ensemble des hypothèses pour une source est défini sur l'espace $\Omega = w_1, w_2, ..., w_k, ..., w_N$ appelé espace de discernement où w_k désigne une hypothèse en faveur de laquelle une décision peut être prise.

   Les fonctions de masse sont définies sur tous les sous-ensembles de l'espace Ω et non seulement sur les singletons comme dans les probabilités.

   Une fonction de masse m est définie comme une fonction de 2^Ω dans $[0,1]$. En général nous imposons $m(\phi) = 0$ et une normalisation de la forme :

$$\sum_{A \subseteq \Omega} m(A) = 1$$

$$(3.5)$$

Une fonction de croyance Bel est une fonction totalement croissante de 2^Ω dans [0,1] définie par :

$$\forall A_1 \in 2^\Omega, ..., A_K \in 2^\Omega, Bel(\cup_{i=1...K} A_i) \geq \sum_{I \subseteq 1...K, I \neq 0} (-1)^{|I|+1} Bel(\cap_{i \in I} A_i) \qquad (3.6)$$

Où $|I|$ désigne le cardinal de I et $bel(\phi) = 0$, $Bel(\Omega) = 1$. Etant donné une fonction de masse m, la fonction Bel définie par :

$$\forall A \in 2^\Omega, Bel(A) = \sum_{B \subseteq A, B \neq 0} m(B) \qquad (3.7)$$

est une fonction de croyance.

Inversement, à partir d'une fonction de croyance Bel, nous pouvons définir une fonction de masse m par :

$$\forall A \in 2^\Omega, m(A) = \sum_{B \subseteq A} (-1)^{|A-B|} Bel(B) \qquad (3.8)$$

Une fonction de Plausibilité Pl est également une fonction de 2^Ω dans [0,1] définie par :

$$\forall A \in 2^\Omega, Pl(A) = \sum_{B \cap A \neq \phi} m(B) \qquad (3.9)$$

La plausibilité mesure la confiance maximum que l'on peut avoir en A.

La possibilité d'affecter des masses aux hypothèses composées et donc de travailler sur 2^Ω plutôt que sur Ω constitue un des avantages de cette théorie. Elle permet une modélisation très riche et très souple, en particulier de l'ambiguité ou de l'hésitation entre classes.

2. **Combinaison évidentielle**

En présence de plusieurs classifieurs ou de plusieurs informations provenant d'un même classifieur, il devient intéressant de combiner les connaissances de chaque source pour en extraire une connaissance globale afin d'améliorer la prise de décision. Dans la théorie de DS, les masses sont combinées par la somme orthogonale de Dempster.

Soit m_j la fonction de masse associée à la source j, pour un sous-ensemble A de Ω nous obtenons :

$$(m_1 \oplus ... \oplus m_l)(A) = \frac{\sum_{B_1 \cap ... \cap B_l = A} m_1(B_1)...m_l(B_l)}{1 - \sum_{B_1 \cap ... \cap B_l = \phi} m_1(B_1)...m_l(B_l)} \qquad (3.10)$$

Ce type de combinaison qui n'est pas idempotente suppose l'indépendance cognitive des sources plutôt que l'indépendance statistique [53].

Le mode de combinaison disjonctif est aussi possible en remplaçant l'intersection dans la formule précédante par une opération ensembliste :

$$(m_1 \oplus_\cup ... \oplus_\cup m_l)(A) = \sum_{B_1 \cup ... \cup B_l = A} m_1(B_1)...m_l(B_l)) \qquad (3.11)$$

3. **Processus de décision**

Contrairement à la théorie Bayésienne où le critère de décision est très souvent le maximum de vraisemblance, la théorie de l'évidence propose de nombreuses règles. Les plus utilisées sont le maximum de crédibilité, le maximum de plausibilité, les règles basées sur l'intervalle de confiance, le maximum de probabilité pignistique [54] et la décision par maximum de vraisemblance.

3.7 Conclusion

Nous avons abordés dans ce chapitre les principales méthodes de la combinaison, la démarche de la fusion et quelques formalismes de la fusion. Nous passerons dans le chapitre suivant à l'expérimentation.

Chapitre 4

Application

4.1 Préliminaire

Aprés l'aperçu donné sur les principales notions utilisées, nous passons dans ce chapitre à la partie de l'expérimentation.

Dans cette partie, nous détaillerons, dans la section 2, la méthode élaborée pour étiqueter notre base d'images. Ensuite dans les sections 3 et 4, nous parlerons de l'apprentissage réalisé par les SVM (section 3) et les différentes stratégies de fusion mises en œuvre (section 4). Dans la dernière section, nous discutterons les résultats obtenus.

4.2 Phase d'étiquetage

4.2.1 Base d'images

Notre base est construite à partir d'images acquises au sein du service d'hémobiologie du C.H.U Tlemcen sur des lames avec la coloration de May Grunwald Giemsa(MGG).

L'environnement LEICA (caméra et microscope) permet d'obtenir des images couleur RGB de bonne qualité ; au format BMP de dimension 1024x768.

4.2.2 méthode d'étiquetage

Afin de calculer les taux de reconnaissances et les précisions pour chaque classe, nous devons disposer d'une base étiquettée.

Ce qui nous intéresse ici est de détecter les globules blanc (noyau et cytoplasme), les globules rouge et le fond (figure 4.1).

35

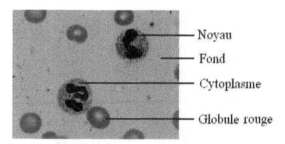

FIGURE 4.1 – Exemple d'image cytologique

Pour les 27 images acquises, nous avons suivi le procédé cité ci-dessous pour les étiqueter :

1. Décomposer l'image en 3 images, en éliminant les parties "noyau" (image 1 de la figure 4.2), les parties "cytoplasme" (image 2 de la figure 4.2) et les parties "globule rouge" (image 3 de la figure 4.2) à l'aide du Photoshop[1]

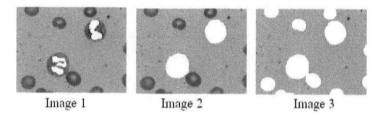

FIGURE 4.2 – La décomposition de l'image

2. Recomposer l'image avec un programme sous matlab en colorant les parties blanches non encors colorées des trois images avec du vert pour l'image 1(noyau), du jaune pour l'image 2 (cytoplasme) et du rouge pour l'image 3 (globule rouge). La partie restante de l'image est colorée avec du noir (fond) (figure 4.3).

3. Prendre les composantes couleur de chaque pixel pour chaque espace à partir de l'image originale pour avoir la base numérique.

_____

1. Logiciel payant de retouche d'images

36

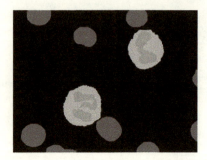

FIGURE 4.3 – Image étiquettée

4.3   Phase d'apprentissage

Compte tenu de la différence de coloration entre une lame et une autre, nous avons opté, sous Matlab, pour un apprentissage en ligne. C'est-à-dire que nous sommes ramenés à renouveler l'apprentissage à chaque fois que la coloration change, en définissant les régions correspondantes pour chaque classe de l'image ; (voir la figure 4.4 : vert pour le noyau, jaune pour le cytoplasme, rouge pour globule rouge et noir pour le fond). Nous construisons ensuite les SVM pour chaque espace et nous les testons sur notre base d'images.

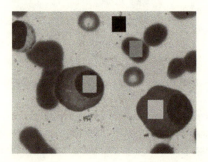

FIGURE 4.4 – Dénitions des régions via l'apprentissage en ligne

4.3.1   Construction des SVM

Initialement sept espaces de couleur ont été expérimentés, mais nous n'avons retenu que : HSL et HSV (espaces perceptuels), RGB (espaces de primaires), LUV (espace perceptuellement uniforme) et YUV (espace de télévision) qui ont donné les meilleurs résultats.

Nous construisons ensuite un classifieur SVM pour chaque espace couleur à l'aide de l'implémentation multi-classes de [55] avec une fonction noyau polynomiale et une stratégie un contre un.

4.3.2 Test

Pour tester les configurations SVM enregistrées, nous faisons passer l'image en intégralité. Pour les 27 images testées, les taux de reconnaissance et la précision de chaque classe par rapport à chaque espace sont donnés dans les tableaux 4.1, 4.2, 4.3, 4.4 et 4.5

Précision				Taux			
Noyau	Cytoplasme	Rouge	Fond	Noyau	Cytoplasme	Rouge	Fond
90.77%	39.56%	40.08%	99.01%	93.82%	47.96%	90.96%	70.71%

TABLE 4.1 – Résultats obtenus pour l'espace HSL

Précision				Taux			
Noyau	Cytoplasme	Rouge	Fond	Noyau	Cytoplasme	Rouge	Fond
84.06%	68.74%	78.36%	97.42%	92.13%	34.71%	86.12%	98.17%

TABLE 4.2 – Résultats obtenus pour l'espace HSV

Précision				Taux			
Noyau	Cytoplasme	Rouge	Fond	Noyau	Cytoplasme	Rouge	Fond
88%	66.21%	36.33%	99.59%	95.22%	31.96%	97.68%	66.18%

TABLE 4.3 – Résultats obtenus pour l'espace RGB

Précision				Taux			
Noyau	Cytoplasme	Rouge	Fond	Noyau	Cytoplasme	Rouge	Fond
93.30%	69.12%	72.60%	98.99%	92.81%	38.38%	91.95%	96.23%

TABLE 4.4 – Résultats obtenus pour l'espace LUV

Précision				Taux			
Noyau	Cytoplasme	Rouge	Fond	Noyau	Cytoplasme	Rouge	Fond
92.12%	85.08%	58.89%	99.27%	93.45%	40.50%	97.20%	88.67%

TABLE 4.5 – Résultats obtenus pour l'espace YUV

4.4   Phase de fusion

Toutes les segmentations obtenues ne donnant pas le même avis sur la classe à attribuer, nous obtenons des zones de non cohérence. L'étape de fusion résout ce problème en appliquant un formalisme de fusion figure (4.5).

Dans ce travail, nous avons expérimentés deux formalismes :

1. **Sans apprentissage** : Vote majoritaire

2. **Avec apprentissage** : Théorie de l'évidence

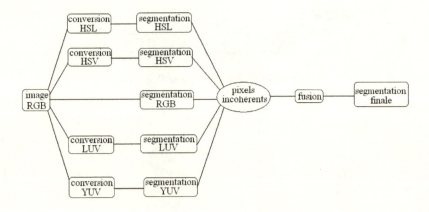

FIGURE 4.5 – Stratégie de fusion

39

4.4.1 Fusion par vote majoritaire

Dans cette première expérience, la classe attribuée au pixel incohérent [2] est choisie par vote majoritaire. C'est-à-dire la classe la plus présente parmi celles présentant un conflit est élue. Le tableau 4.6 contient les taux de reconnaissances ainsi que les précisions obtenus pour chaque classe.

Précision				Taux			
Noyau	Cytoplasme	Rouge	Fond	Noyau	Cytoplasme	Rouge	Fond
91.28%	67.81%	57.96%	99.19%	94.79%	36.17%	93.01%	89.11%

TABLE 4.6 – Résultats de la fusion par vote majoritaire

Aprés des constations empiriques que l'espace HSV se comporte mieux pour la classe Fond et de même pour la classe globule rouge avec l'espace LUV, nous avons pondéré ces sorties par rapport aux autres. Le tableau 4.7 contient les taux de reconnaissances ainsi que les précisions obtenus pour chaque classe.

Précision				Taux			
Noyau	Cytoplasme	Rouge	Fond	Noyau	Cytoplasme	Rouge	Fond
92.64%	86.06%	58.30%	99.17%	94.34%	32.55%	96.40%	89.16%

TABLE 4.7 – Résultats de la fusion par vote majoritaire pondéré

Avec notre interface, dévellopée sous Matlab, nous avons le choix entre le vote majoritaire et le vote majoritaire pondéré (figure 4.6). Comme vous voyez sur la figure 4.6, il y a les résultats visuels obtenus des espaces couleur et l'espace vide sera rempli avec le résultat du vote choisi.

---

2. pixel présentant un conflit de classe

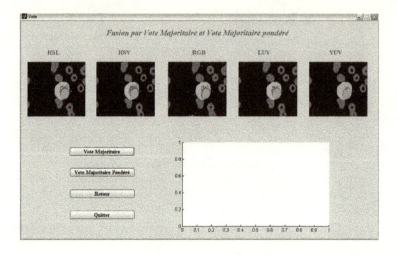

FIGURE 4.6 – Fenêtre de la fusion par vote

4.4.2   Fusion par théorie de l'évidence

Il n'existe guère une méthode générique pour formaliser le problème avec la théorie de l'évidence, et chaque chercheur modélise selon ses besoins.

Dans nos expériences nous avons optés pour les modélisations suivantes :

1. **Hypoyhèses** : Deux hypothèses ont été établies :
   - **Hypothèse 1 *(H1)*** : La classe et son complément dans l'espace de discernement $H(i)$ et $H(j_1, j_2, j_3)$.
   - **Hypothèse 2 *(H2)*** : Chaque sortie avec les autres une à une $H(i)$, $H(i, j_1)$, $H(i, j_2)$ et $H(i, j_3)$.
   Avec i la sortie du classifieur et $j_1, j_2 et j_3$ (les autres) $\neq i$

2. **Valeurs des fonctions de masses** : Les valuers des fonctions de masses ont été prises de :
   - **Matrice de confusion *(masse1)*** : Prisent directement de la matrice de confusion. Si par exemple nous avons un taux de reconnaissance t_i pour la classe "i" d'un espace donné alors nous aurons $m(i) = t_i$.
   - **Principe de Denœux *(masse2)*** : Denœux a proposé ([56], [57]) de prendre :

$$\begin{cases} m(w_i) = \alpha \exp(-\gamma_i d^2) \\ m(\Omega) = 1 - m(w_i) \end{cases} \tag{4.1}$$

Avec $0 < \alpha < 1$ est une constante obtenue à partir des probabilités a posteriori de la sortie du SVM pour la classe w_i dans chaque espace. Le paramètre γ est utilisé pour ajouter l'effect de la distance dans le calcul de la fonction de masse et d est la distance entre le pixel courant et le vecteur moyen de la classe (nous avons pris la distance euclidienne).

41

Denœux a proposé de prendre $\alpha = 0.95$ et $\gamma = 0.05$. Il est important de signaler que le principe de Donœux est applicable seulement sur l'hypothèse 1, puisqu'il prend la classe et son complément dans l'espace de discernement.

3. **Règle de sommation** :
   - **Associativement** *(règle1)* : combiner les évidences des sorties des classifieurs par l'opérateur de la *"somme orthogonale"*
   - **Regroupement** *(règle2)* : répartir les 5 clasifieurs en N_g groupes [3] selon leurs réponses [58]. Les classifieurs de chaque groupe (ont tous la même réponse [4]) seront fusionnés et une ultime fusion est réalisée entre les Ng groupes.

La fenêtre suivante (figure 4.7) permet de choisir les différents paramétres des modélisations citées ci-dessus. L'espace vide sera rempli par le résultat de la modélisation choisie.

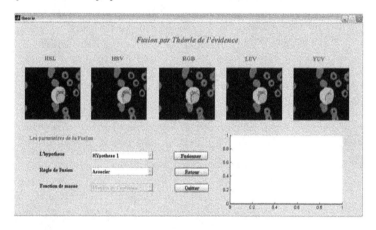

FIGURE 4.7 – Fenêtre de choix des modélisations

La décision a été prise par maximum de crédibilité. Le tableau 4.8 et le tableau 4.9 présentent les taux de reconnaissances et les précisions obtenus respectivement pour chaque classe.

---

3. maximum 4→nombre de classes
4. affectant le pixel à la même classe

	Noyau	Cytoplasme	Rouge	Fond
H1 et règle1 et masse1	93.64%	32.29%	92.63%	72.12%
H1 et règle2 et masse1	93.34%	34.41%	92.48%	72.29%
H1 et règle1 et masse2	88.51%	38.24%	84.48%	61.38%
H1 et règle2 et masse2	88.51%	38.24%	84.48%	61.38%
H2 et règle1 et masse1	90.56%	32.01%	92.32%	70.09%
H2 et règle2 et masse1	88.41%	31.47%	90.96%	98.18%

TABLE 4.8 – Taux de reconnaissances des modélisations de la théorie de l'évidence

	Noyau	Cytoplasme	Rouge	Fond
H1 et règle1 et masse1	91.72%	61.55%	38.71%	99%
H1 et règle2 et masse1	92.03%	61.69%	38.91%	99.02%
H1 et règle1 et masse2	85.27%	40.92%	70.29%	97.06%
H1 et règle2 et masse2	85.27%	40.92%	70.29%	97.06%
H2 et règle1 et masse1	93.69%	58.70%	37.06%	98.99%
H2 et règle2 et masse1	95.73%	84.49%	77.73%	97.41%

TABLE 4.9 – Précisions des modélisations de la théorie de l'évidence

4.4.3 Fusion à deux niveaux

Notre but est d'avoir une segmentation proche de la perception humaine, c'est pour celà que nous avons tenté de fusionner en deux niveaux (figure 4.8), comme suit :

1. **Premier niveau** : Fusionner les 2 segmentations obtenus par les SVM selon :
   – Le vote majoritaire pondéré
   – Hypothèse 2, règle 2 et masse 1

2. **Deuxième niveau** : Fusionner les deux précèdentes modélisations par la modélisation (*H1,règle1 et masse1*)

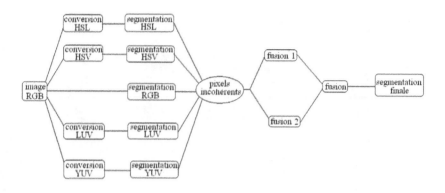

FIGURE 4.8 – Deuxième stratégie de fusion

Le tableau 4.10 présente les taux de reconnaissance et les précisions pour chaque classe :

Précision				Taux			
Noyau	Cytoplasme	Rouge	Fond	Noyau	Cytoplasme	Rouge	Fond
92.91%	88.36%	78.13%	97.39%	93.92%	30.86%	90.68%	98.19%

TABLE 4.10 – Résultats de la fusion en deux niveaux

4.5   Discussion des résultats

Sur la totalité des images testées et sur toutes les segmentations faites, nous avons constaté que :

1. les résultats obtenus pour la classe "Noyau" et la classe "Fond" ont été satisfaisant en terme de taux de reconnaissances et de précisions. Et celà est du à la légére différence entre les configurations colorimétriques de ces deux classes pour toutes les images ;

2. La classe "Cytoplasme" a été la classe la plus faiblement reconnue (des pourcentages aux alentours des 30%). Si nous regardons l'ensemble des images alors l'écart enregistrié des configurations colorimétriques est grand (voir figure 4.9).

   L'espace HSL a donné le meilleur taux de reconnaissance(47.96%) mais en même temps la pire précision (39.56%), puisqu'il avait un nombre important de faux positifs ;

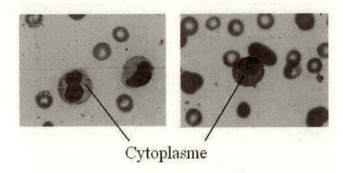

Cytoplasme

FIGURE 4.9 – Exemple d'écart entre deux images

3. Et en ce qui concerne la classe "Globule rouge", nous avons enregistré de bon taux de reconnais-sances. Mais en terme de précisions, les pourcentages ont légérement baissé (du aux Faux positifs). Et aussi, puisque nos images contiennent des globules rouges de type « Erythroblast [5] », toutes les segmentations faites ont détecté le noyau du globule rouge comme étant un fond

Les taux de reconnaissances, les précisions et les résultats visuels (figures 4.10, 4.11 et 4.12) dé-montrent que la fusion permet d'améliorer sensiblement la qualité de la segmentation basée sur un pro-cessus de classification de pixels. La segmentation à deux niveaux a amélioré davantage les pourcentages.

En général, nous avons noté une auguementation des pourcentages pour les différentes classes. L'in-cohérence se situe principalement sur les pixels appartenant au "cytoplasme". Le gain de qualité se por-tant essentiellement sur la classification de ces pixels, la qualité de la segmentation d'un point de vue cytologique est grandement améliorée.

---

5. globule rouge avec un noyau

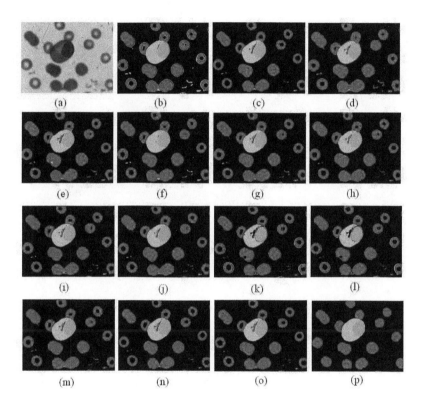

FIGURE 4.10 – Résultat visuel : image originale (a), resultat HSL (b), resultat HSV (c), resultat RGB (d), resultat LUV (e), resultat YUV (f), resultat vote majoritaire (g), resultat vote majoritaire pondéré (h), resultat évidence1 (i), resultat évidence2 (j), resultat évidence3 (k), resultat évidence4 (l), resultat évidence5 (m), resultat évidence6 (n), resultat 2 niveaux (o), vérité terrain (p)

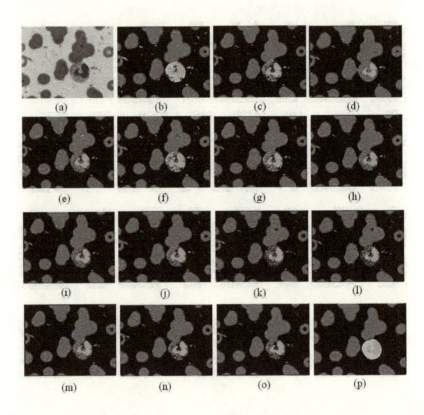

FIGURE 4.11 – Résultat visuel : image originale (a), resultat HSL (b), resultat HSV (c), resultat RGB (d), resultat LUV (e), resultat YUV (f), resultat vote majoritaire (g), resultat vote majoritaire pondéré (h), resultat évidence1 (i), resultat évidence2 (j), resultat évidence3 (k), resultat évidence4 (l), resultat évidence5 (m), resultat évidence6 (n), resultat 2 niveaux (o), vérité terrain (p)

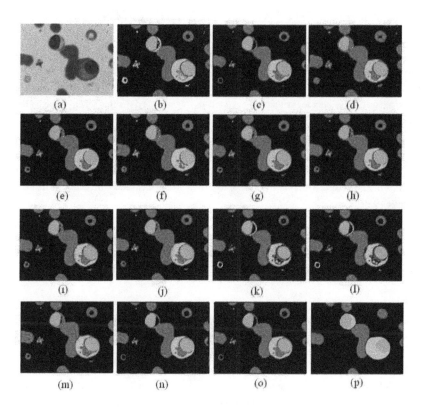

FIGURE 4.12 – Résultat visuel : image originale (a), resultat HSL (b), resultat HSV (c), resultat RGB (d), resultat LUV (e), resultat YUV (f), resultat vote majoritaire (g), resultat vote majoritaire pondéré (h), resultat évidence1 (i), resultat évidence2 (j), resultat évidence3 (k), resultat évidence4 (l), resultat évidence5 (m), resultat évidence6 (n), resultat 2 niveaux (o), vérité terrain (p)

Conclusion générale et perspectives

Lorsque plusieurs shémas des segmentations sont utilisés, les problèmes de combinaison surgissent depuis la prédiction de conflicts et il s'avère nécessaire d'arbitrer entre eux pour prendre une décision. La combinaision de plusieurs segmentations basés pixels (obtenus de différents schémas) peut obtenir de meilleurs résultats par rapport à une seule segmentation. C'est pour celà que, nous proposons un schéma de segmentation d'image couleur pour des images cytologiques bruitées (aucun prétraitement effectué). En amont, un apprentissage en ligne est réalisé pour définir les classes des régions, suivi d'une segmentation par classification SVM des pixels dans plusieurs espaces couleur et une ultime décision est prise par un vote majoritaire, un vote majoritaire pondéré, six différentes modélisations de la théorie de l'évidence ou une fusion à deux niveaux.

Notre choix pour la méthode est justifié par les taux elevés de reconnaissances, une classification rapide des pixels par les SVM et la combinaison est effectué en intégrant les incertitudes et les redondances de chaque espace couleur.

Dans ce travail, L'information couleur exploitée est celle de la configuration colorimétrique issue des différents espaces couleur. Cette information demeure pauvre surtout concernant la classe "cytoplasme". Nous pouvons envisager, comme perspectives, d'ajouter l'information du voisinnage (les voisins direct au pixel ont une probabilité elevé d'être de la même classe que lui), la texture, la configuration spatiale (forme) ou encore acquérir les images à partir de capteurs multispectraux ou hyperspectraux.
Aussi, aprés la segmentation nous pouvons passer à la caractérisation des cellules. Cette dernière s'intéresse à détecter le type du globule blanc pour diagnostiquer une maladie bien précise.

Bibliographie

[1] C. Charrier, G. Lebrun, and O. Lezoray. Fusion de segmentations d'images microscopiques par svm dans différent espaces couleur selon la théorie de l'évidence. *Gretsi*, 2005.

[2] D. Bereziat. *Segmentation des images médicales*. ACIMED, 2010.

[3] C. Meurie, O. Lezoray, A. Elmoataz, M. Lecluse, and H. Elie. segmentation d'images couleur par classification de pixels et morphologie mathématique. *cta Stereologica*, pages 1–14, 1999.

[4] C. Meurie, O. Lezoray, and A. Elmoataz. segmentation d'images couleur par fusion de classifications de pixels. application en imagerie biomédicale. *16ème journées de l'Association Française d'Informatique Graphique*, pages 104–110, 2003.

[5] Anne Dromigny Badin. *Fusion d'images par la théorie de l'évidence en vue d'applications médicales et industrielles*. PhD thesis, Université INSIA Lyon, 1998.

[6] Koschan Andreas and Abidi Mongi. *Digital color image processing*. John Wiley and Sons, Inc, 2008.

[7] Porebski Alice. Classification d'images couleur texturées, juin 2006. Rapport de master.

[8] Lezory Olivier. *Segmentation d'images couleur par morphologie mathématique et classification de données par réseaux de neurones : application à la classification de cellules en cytologie des séreuses*. PhD thesis, Université de Caen, 2000.

[9] Faugeras O.D. *Digital color image processing and psychophysics within the framework of a human visual model*. PhD thesis, University of Utah, juin 1976.

[10] Garbay C. *Modélisation de la couleur dans le cadre de l'analyse d'images et de son application à la cytologie automatique*. PhD thesis, Institut National Polytechnique de Grenoble, Décembre 1979.

[11] Ohta Y. I., Kanade T., and Sakai T. Color information for region segmentation. *Computer Graphics and Image Processing*, pages 222–241, 1980.

[12] Ohlander R., Price K., and Reddy D. R. Picture segmentation using a recursive region splitting method. *Computer Graphics and Image Processing*, pages 313–333, 1978.

[13] Cocquerez J.P. and Philipp S. *Analyse d'images : filtrage et segmentation*. Editions Masson, 1995.

[14] Beauseroy P., Smolaez A., and X. He. Décisions en environnement non stationnaire par méthodes d'ensembles via one-class svm -application à la segmentation d'images texturées. *42éme journées de la société française de statistiques*, Mai 2010.

[15] BISSON G. *Intelligence artificielle*. 2009.

[16] CORTES and VAPNIK. Support vector networks. *Machine learning*, 20 :273–297, 1995.

[17] BOTTOU L. and CHIH-JEN L. Support vector machine solvers, in large scale kernel machines. *MIT Press*, 2007.

[18] Mercier L. Les machines à vecteurs support pour la classification en imagerie hyperspectrale : implémentation et mise en œuvre, Février 2010. Université de Grenoble. travail d'Etude et de synthèse technique en INFORMATIQUE.

[19] Melgani F. and Bruzzone L. Classification of hyperspectral remote sensing images with support vector machines. *IEEE Transactions on geoscience and remote sensing*, 42(8) :1778–1790, 2004.

[20] HSU C.W. and LIN C.J. A comparaison of methods for multiclass support vector machines. *IEEE Transactions on neural networks*, 13 :415–425, 2002.

[21] Costrarido Lena. *Medical Image Analysis Methods : Medical-image Processing and Analysis for CAD Systems*. Taylor and Francis, United Stated of America, 2005.

[22] Adollah R., Mashor M.Y., Mohd Nasir N.F., Rosline H., Mahsin H., and Adilah H. Blood cell image segmentation. *4th Kuala Lumpur International Conference on Biomedical Engineering*, 21 :141–144, 2008.

[23] Jiang K. and Xiong Y. A novel white blood cell segmentation scheme based on feature space clustering. *Soft Comput, Springer*, 10 :12–19, 2006.

[24] Keller J.M and Park J. Fuzzy patch label relaxation in bone marrow cell segmentation. *IEEE International Conference on Systems, Man, and Cybernetics,*, pages 1133–1138, 1997.

[25] Keller J., Sobrevilla P., and Montensy E. White blood cell detection in bone marrow images. *Fuzzy Information Processing Society, 1999, NAFIPS. 18th International Conference of the North American*, pages 403–407, 1999.

[26] Tippi V.B, Duru H.A, Nurcakar M.U, Beksac M., and Beksac M.S. An artificial intelligent diagnostic system on differential recognition of hematopietic cells from microscopic images. *Cytometry*, 30 :145–150, 1997.

[27] Mariaska B., Moszczyski L., Markiewicz T., and Osowski S. Automatic recognition of the blood cells of myelogenous leukemia using svm. *IJCNN Montreal*, pages 2496–2501, 2005.

[28] Lorena A.C and Ushizima D.M. Support vector machines applied to white blood recognition. *V Int. Conf. Hybrid Intelligent Systems*, pages 234–237, 2005.

[29] Wang S.T. and Wang M. A new algorithm nda based on fuzzy cellular neural networks for white blood cell detection. *IEEE Transactions on information Technology in Biomedecine*, 10 :5–10, 2006.

[30] Cecilia D.R., Andrew D., and Shahid K. Analysis of infected blood cell images using morphological operators. *image and Vision Computing*, 20 :133–146, 2002.

[31] Lin K.Y., Wu J.H, and Xu L.H. A survey on color image segmentation techniques. *Journal of Image and Graphics*, 10 :1–9, 2005.

[32] L. Busin, N. Vandenbroucke, L. Macaire, and J.G Postaire. Colour space selection for unsupervised colour image segmentation by analysis of connectedness properties. *International journal of robotics automation*, pages 70–77, 2005.

[33] N. Vandenbroucke and L. Macaire. Représentation de la couleur en analyse d'images. *Techniques de l'ingénieur*, pages 1–21, 2005.

[34] H. Zouari, L.Heutte, Y. Lecourier, and A. Alimi. An overview of classifier combination methods in pattern recognition. *RFIA'2002*, pages 449–508, 2002.

[35] I. Bloch. Fusion d'informations numériques : panorama méthodologiques. *JNRRO'05*, 2005.

[36] D. Dubois and H. Prade. Possibility theory. *Plenum Press*, 1988.

[37] Huang Y.S. and Suen C.Y. A method of combining multiple esperts for the recongnition of unconstrained handwritten numerals. *IEEE Transactions on Pattern Analysis and Machine Intelligence*, 17 :90–94, 1995.

[38] Xu L., Krzyzak A., and Suen C.Y. Method of combining multiple classifiers ans its application to hand written chinese charcter recognition. *IEEE Transaction on Systems, Man, And Cybernetics*, 22 :418–435, 1992.

[39] Acherman B. and Bunke H. Combination of classifiers on the decision level for face recognition, 1996. Rapport technique, university of Bern.

[40] Ho T.K. and Srihari S.N. Decision combination in multiple classifier systems. *IEEE Transaction on Pattern Analysis and Machine Intelligence*, 16 :66–75, 1994.

[41] Dieckman U., Plankensteiner P., and Wagner T. Sesam : A bimetric person identification system using sensor fusion. *Pattern Recognition letters*, 18 :827–833, 1997.

[42] Lam L. and Suen C.Y. Application of majority voting to pattern recognition : an anlysis of its behavior and performance. *IEEE Transaction on System, Man, and Cybenetics*, 27, 1997.

[43] Srihari S.N. Reliability analysis of majority vote systems. *Information Sciences*, 26 :243–256, 1982.

[44] Cordella L.P., Foggia P., Sansone C., Tortella F., and Vento M. Optimizing the error/reject trade-off for a multi-expert system using the bayesian combining rule. *advances in pattern recognition*, 1998.

[45] Foggia P., Sansone C., Tortella F., and Vento M. Multi-classification : rejet criteria for the bayesian combiner. *Pattern Recognition*, 32 :1435–1447, 1999.

[46] Tumer K. and Ghosh J.D. Estimating the bayes error rate through classifier combining. *ICPR'96*, pages 695–699, 1996.

[47] Lee D.S. and Srihari S.N. A theory of classifier combination : the neural network approach. *IC-DAR95, 3rd international Conference on Document Analysis and recognition*, pages 42–45, 1995.

[48] Kang H.J. and Kim J.H. A probabilistic framework for combining multiple classifiers at abstract level. *ICDAR97, 4th international Conference on Document Analysis and recognition*, 2 :870–874, 1997.

[49] Moobed B. *Combinaison de classifieurs : une nouvelle approche*. PhD thesis, école Polytechnique, 1996.

[50] Dempster. A generalisation of bayesian inference. *Journal of the Royal Statistical Society*, pages 205–247, 1968.

[51] Shafer. A mathematical theory of evidence. *Princeton University press*, 1976.

[52] Faux f. and Luthon F. Modélisation de visage par fusion d'information couleur dans le cadre de la théorie de l'évidence et suivi par filtrage particulaire. *RFIA06*, 2006.

[53] Bloch I. and Maitre H. Data fusion in 2d and 3d image processing : An overview. *Computer graphics and Image processing*, Août 2002.

[54] Smets Ph. Constructing the pignistic probability function in a context of uncertainty. *Uncertainty in Artificial Intelligence*, 5 :29–39, 1990.

[55] Junshui Ma, Yi Zhao, Stanley Ahalt, and Damian Eads. osu-svm, juillet 2009. source-forge.net/projects/svm.

[56] Denœux T. A k-nearest neighbor classification rule based on dempster-shafer theory. *IEEE Transactions on Systems, man and Cybernetic*, 28(5) :804–813, 1995.

[57] Zouhal L.M. and Denœux T. An evidence-theoritic k-nn rule with parameter optimisation. *IEEE Transactions on Systems, man and Cybernetic*, 28 :263–271, 1998.

[58] Chitroub S. Combinaison de classifieurs : une approche pour l'amélioration de la classification d'images multisources/multidates de télédéction. *Télédection*, 4(3) :289–301, 2004.

www.ingramcontent.com/pod-product-compliance
Lightning Source LLC
La Vergne TN
LVHW042349060326
832902LV00006B/477